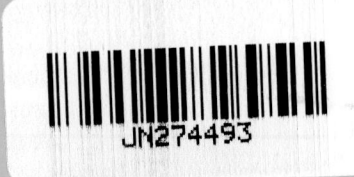

—手づくりア・ラ・カルト—

親子で楽しく焼きたてパン作り

パン作りを通して、
親子のコミュニケーションを深めましょう。

はじめに

お子様と一緒に作る喜び、楽しさ、そして美味しさはひとしおです。

焼き上がったパンの香ばしさは、きっとあなたのご家庭に、温かい小さな幸せを運んでくれるにちがいありません。まして、お子様と一緒にこねたり、たたいたり、そしてさまざまな形を作って焼き上げたときの喜びはひとしお大きいことでしょう。

パン作りにとって、まず基本の生地作りが大切です。パンの生地はとてもデリケートですので、この生地作りをわかりやすく、丁寧に説明しました。生地作りという基礎をしっかりマスターすると、バリエーション豊かなパン作りを楽しむことができます。

子どもの成長は驚くほど速いものです。何かとお忙しい子育ての中でも、お子様と一緒にパンを作るひとときをもってみてはいかがでしょうか。そして一緒に焼き上げたとき、そっとお子様の表情を見つめてみてください。きっと、その表情は満足感や嬉しさ、驚きに満ち満ちているにちがいありません。

パンの手づくりを通して、親子で素敵な思い出がいっぱい作れますように、そんな願いを込めたスタッフたちによって、この本は生まれました。

目　次

パン作りに欠かせない材料

小麦粉

パン作りの素材で一番大切なのが小麦粉です。小麦粉は、タンパク質の含有量によって、強力粉、中力粉、薄力粉の3種類に大きく分けられます。小麦粉のタンパク質は、水と結合することによってグルテンになりますが、パンがふくらむのは、このグルテンの働きによるものなのです。パン作りには、グルテンの多い強力粉がおもに使われますが、パンによっては、中力粉、薄力粉を使う場合もあります。

イースト

イーストには、生イーストやドライ・イーストなどの種類がありますが、ドライ・イーストの中でも、使いやすさや保存性、入手のしやすさといった点で、インスタント・ドライ・イーストが優れています。とくに初めてパン作りに挑戦される方におすすめのイーストといえます。本書でも、すべてインスタント・ドライ・イーストを使用しています。インスタント・ドライ・イーストは、開封したら、密封できる容器に移しかえて必ず冷蔵保存し、早めに使い切るようにしましょう。長く保存する場合は、冷凍するとよいでしょう。

ショートニング

パン作りに使われる油脂には、ショートニングやバター、ラード、サラダ油などがありますが、とくにショートニングは、パン生地に混ぜ込むとパンをよりふっくらとさせ、光沢や色つや、風味をよくするといった働きをします。また、パンを焼くときに使う型に塗る油脂としてもショートニングは最適です。

バター

ショートニングと同じく、パンに使われる油脂の一つ。ショートニングよりも手に入りやすいので、よく使われますが、焼き型に塗る油脂にバターを使うと、焦げやすくなってしまうので、注意が必要です。パン生地に練り込むときは、事前に室温におき、やわらかくしておくとよいでしょう。

パン作りに必要な道具

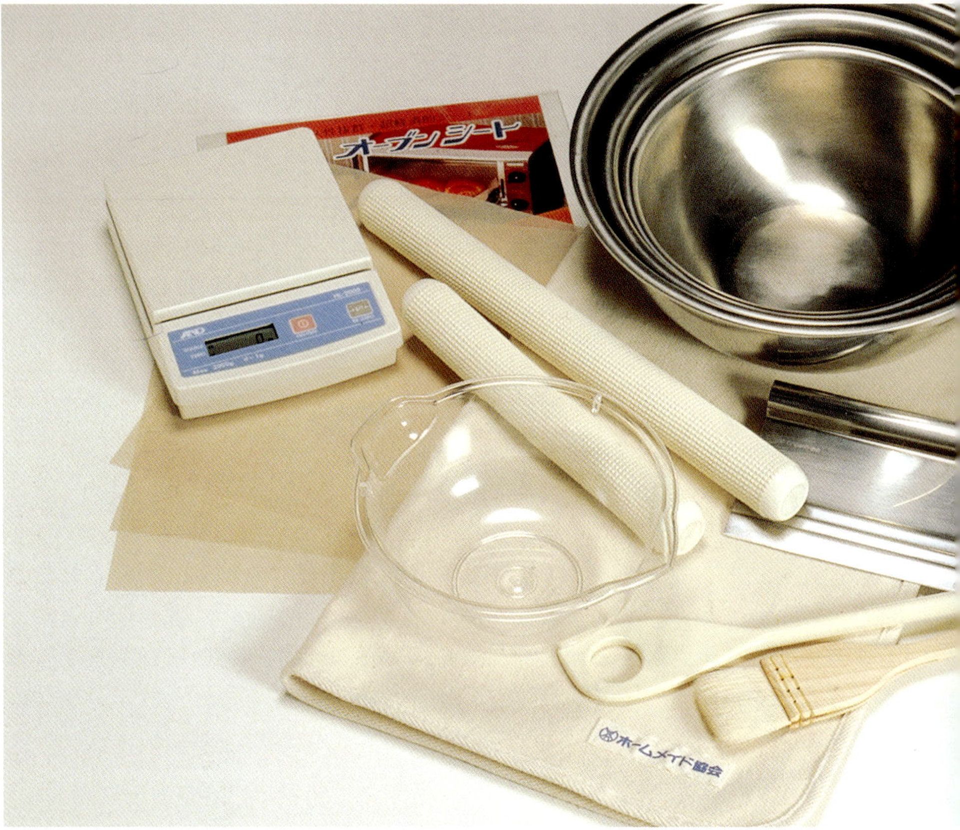

ステンレスボール

パン生地をこねるときや色々な場面で、27cmと21cmの2つを用意します。

めん棒

さまざまな材質が市販されていますが、初めはプラスチック製の大と小をそろえるのがよいでしょう。

スケッパー

パン生地を切り分けるときに使います。先が波形になっているものが切りやすいスケッパーです。

キャンバス

パン生地を休ませたり、成型するときに使います。タオル地ではなく、生地が乾かないようにする道具です。

オーブンシート

パン生地が天板にくっつかないように敷きます。

こね杓子

生地を混ぜ合わせるときに使います。

はかり

パン作りでは、材料を正確に計るときに必要です。

はけ

パンを焼く前、生地に卵を塗る際使います。毛先のやわらかいものがおすすめです。

基本の生地作り

ロールパン

★生地は生きている…。

はじめに、基本的な生地の作り方を覚えましょう。パン生地をこねたり、たたいたり、生地の感触を確かめながら、親子で楽しんでください。

材　料

12個分

1回目

強力粉	150g
イースト	6g
砂糖	15g
仕込水	195g

2回目

強力粉	150g
塩	6g
スキムミルク	6g

3回目

ショートニング	15g

材料は正確に計っておきましょう。

タイムチャート

①

②

③

④

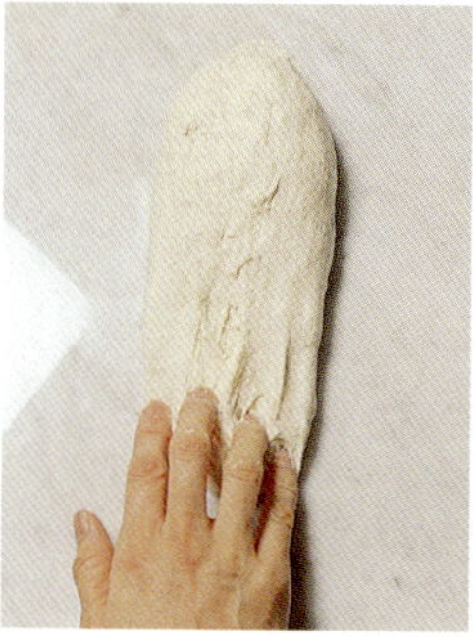

⑤

⑥

●基本の生地作り●

⑦

⑧

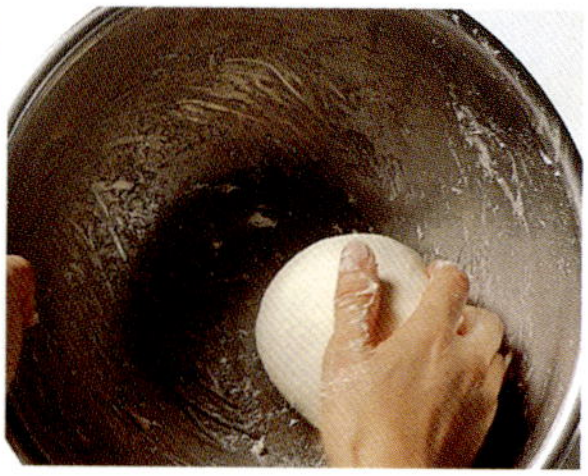

⑨

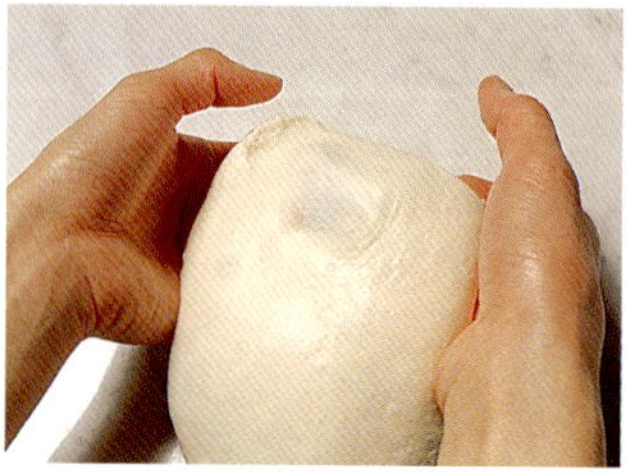

⑩

⑪

⑫

①仕込水以外の1回目の材料を大きなボールに入れて混ぜておき、仕込水を加え5分間混ぜ合わせます（仕込水の温度は、春35℃、夏10℃、秋40℃、冬45℃を目安にしてください）。

②ダマがなくなり、気泡とネバリが出てきたのを確認します。

③2回目の材料を混ぜてから加えます。

---

④生地がまとまり、べとつきがなくなったら台の上へ出します。

⑤生地を引っ掛けるように持って、台にたたきつけます。

⑥大きく向こう側に巻き込み、両手で閉じ、再びたたきます。この作業を10分間繰り返します。

---

⑦10分後、生地がしっとりとなめらかな状態になったら、大きなボールに戻して油脂入れをします。

⑧生地を3つに分けてショートニングをのせ、手でもみ込みます。

⑨生地を1つにまとめ、もう一度台の上に出し、さらに10分間たたきます。

---

⑩生地のできあがりを確認するために、グルテン膜を見ます。生地を広げて指紋が透けて見えるようであれば、できあがりです。

⑪生地をきれいに丸めます。

⑫小さいボールにショートニングを塗り、丸めた生地を入れます。大きなボールに30℃の温水を入れ、生地の入った小さいボールを浮かせ、ラップをかけます。

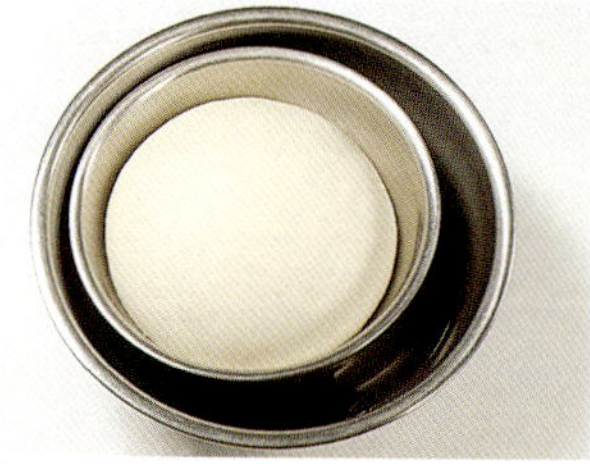
⑬

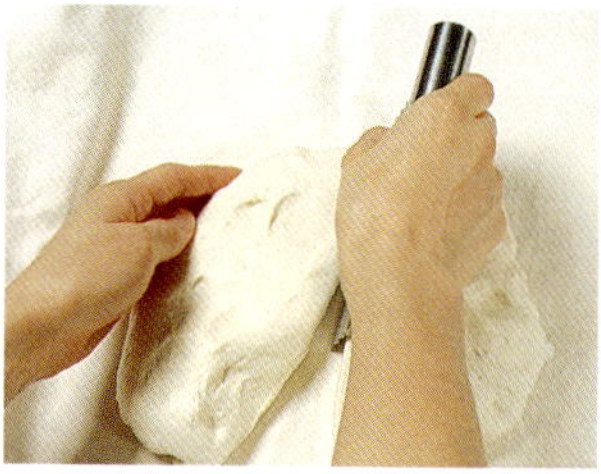
⑭

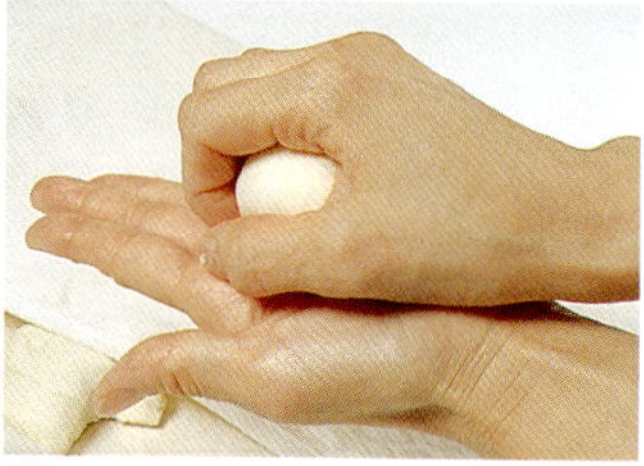
⑮

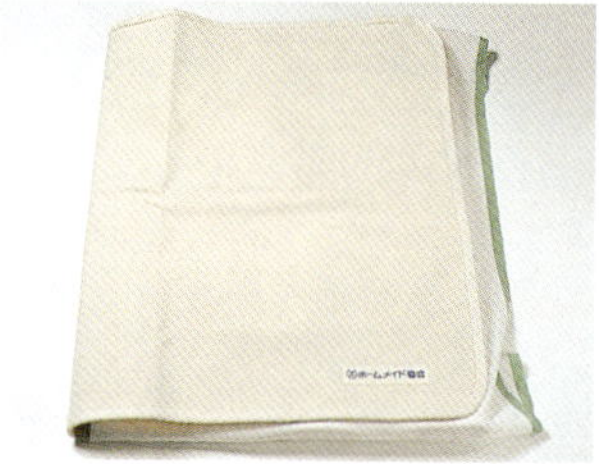
⑯

⑰

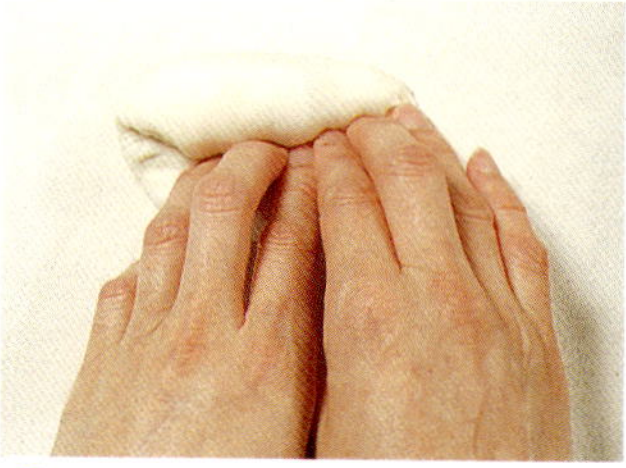
⑱

●ロールパンの成型●

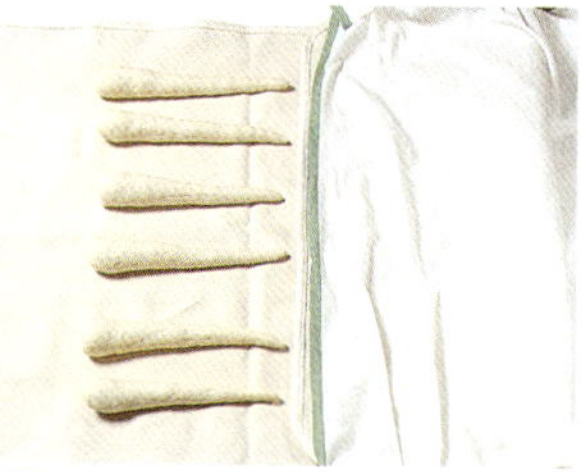
⑲

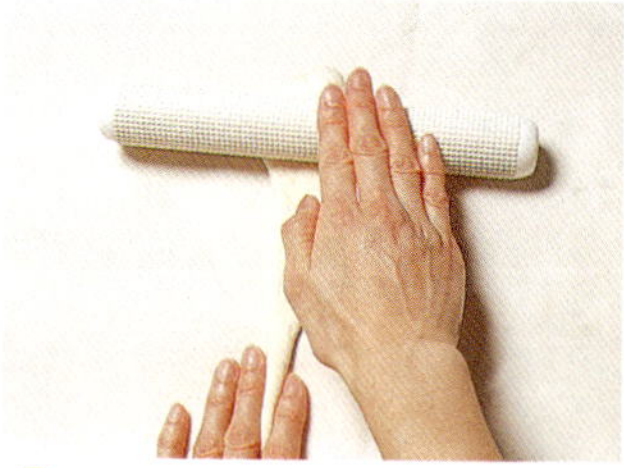
⑳

㉑

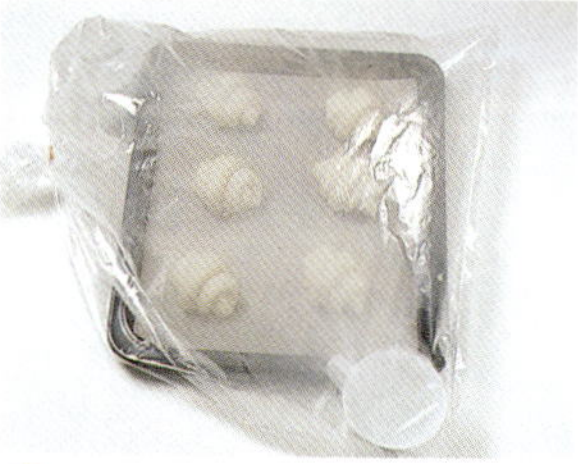
㉒

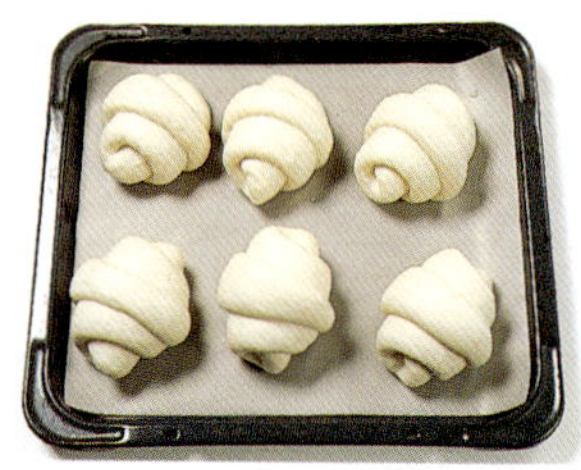
㉓

㉔

⑬発酵30〜40分後、生地は2.5倍に膨張しています。生地が膨張していないときには、発酵時間を延長してください。
ここまでが、ほとんどのパン作りに共通する生地作りの手順です。

⑭生地のガスを抜き、12個に分割します。

⑮生地を丸めて、キャンバスの間に入れます。

---

⑯キャンバスに濡れ布巾をかけて、20分間休ませます（これをベンチタイムといいます）。

⑰成型を行ないます。
まず、生地を裏返しにして、指先でガスを抜きます。

⑱上から少しずつ折り込みながら、軽く押さえ、ラッパ型にします。

---

⑲両手で生地を転がしながら円すい形にします。少し生地を休ませる意味で、次の成型に移る前に、12個すべて終らせてください。

⑳円すい形の先を人さし指と中指ではさみ、残りの部分にめん棒をかけます。

㉑生地を上から巻き込んでいき、巻き終わりが下になるように置きます。

㉒天板にとじ目を下にした生地をのせて、熱い湯と一緒にビニール袋に入れ、20分間仕上発酵します。

㉓仕上発酵後、200度のオーブンで、10〜15分間焼きます。

㉔焼き上がったら、はけでバターを塗ります。

発酵のいろいろ

★ビニール袋で行なう仕上発酵は、外気の影響を受けやすいので、パンのふくらみ具合を見ながら、時間を調節してください。仕上発酵は、発酵器があると、とても便利です。発酵器が使えるときは、温度40℃、湿度85%の環境にしてください。ほかにも、ビニール袋の代わりに発泡スチロールのような保温ケースに入れる方法があります。

★オーブンはパン生地を入れる前に、予熱をしておきましょう。

発酵器

バターロールサンド

バターロールができると、いろんなかわいいサンドイッチが作れます。さまざまなバリエーションを楽しんでみましょう。

材料

12個分

1回目	
強力粉	150g
イースト	6g
砂糖	30g
仕込水	165g
卵	30g

2回目	
強力粉	150g
塩	4.5g
スキムミルク	9g

3回目	
バター（無塩）	45g

焼くときのポイント

★バターロールとロールパンは、作り方が似ていますが、多少異なっているところがあります。とくに、焼くときの温度に注意してください。ロールパンは200℃のオーブンで焼きますが、バターロールは照卵を塗り180℃で焼きます。

★照卵は、卵をよくときほぐして、はけでやさしく塗っていきます。

バターロールサンドの楽しみ方

フルーツサンドも作ってみましょう。生クリームのホイップしたものとパイン缶、イチゴ、キーウィ、黄桃など好みのフルーツを和えたものをはさみます。生クリーム200ccに対して、20gくらいの砂糖を入れるとちょうど合います。

飛行機や自動車など、いろんな形のサンドイッチを作って楽しんでください。

タイムチャート

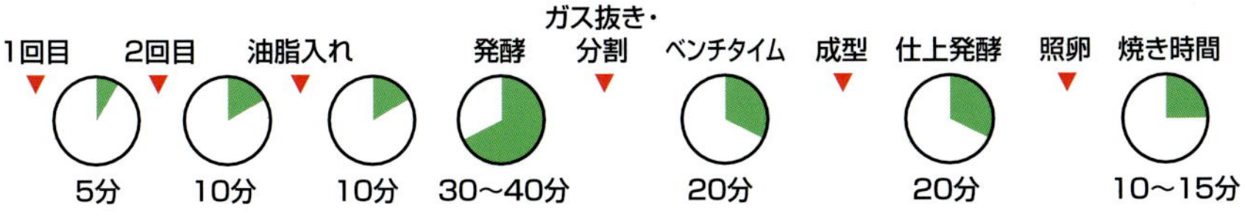

●作り方●

①基本的にはロールパンの生地作りと同じです。材料の分量にしたがって、生地をこね上げてください（基本の生地作り①～⑫）。ただし、仕込水は先に卵と混ぜてから、粉と合わせてください。また、油脂としてショートニングがバターに変わります。

②発酵終了後、生地を12分割し、きれいに丸めて20分ベンチタイムをします。

③ベンチタイムが終わった生地を、めん棒を使って伸ばし、成型していきます。これもロールパンと同じ手順で行ないます（ロールパンの成型⑰～㉑）。

④ロールパンと同じ状態で、仕上発酵を20分。

⑤仕上発酵終了後、はけで生地の表面に卵を塗り（照卵）、180℃のオーブンで10～15分、きれいな焼き色がつくように焼き上げます。

⑥焼き上がったパンを半分に切って、バターを塗り、好みのものをはさんでください。

ロールパン生地の応用で作る

ポテトちゃん

パンの中から、かわいい笑顔。
作るたびに表情が変わるのも楽しみです。

★ケチャップやマヨネーズを、お好みでつけてもおいしくいただけます。

材 料

パンドミー型3本分

1回目	
強力粉	150g
イースト	6g
砂糖	15g
仕込水	195g

2回目	
強力粉	150g
塩	6g
スキムミルク	6g

3回目	
ショートニング	15g

●そのほかの材料
(パンドミー型1本分)

マッシュポテト	200g
ウインナー	1〜2本
グリーンアスパラガス	2〜4本
のり	1枚

タイムチャート

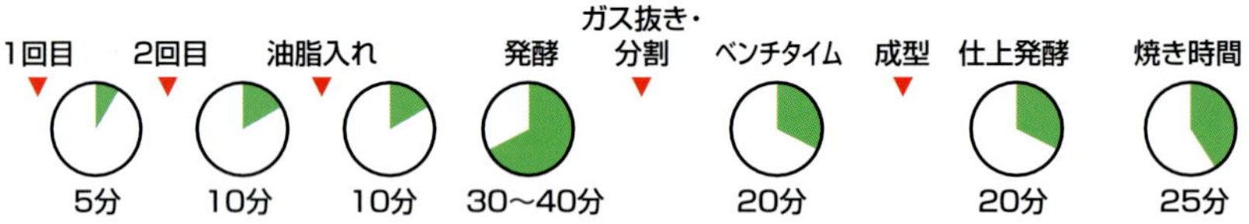

一言アドバイス

★成型している時間が長いので、仕上発酵は短めにした方がよいでしょう。まめに様子を見ながら、パンドミー型の2/3くらいまでパン生地が上がってきたら、ふたをして焼きます。

一口メモ

★パンドミー型の使い方

コーティング加工してあるものなら、から焼きは必要ありません。使うときに薄くショートニングをつけておきます。

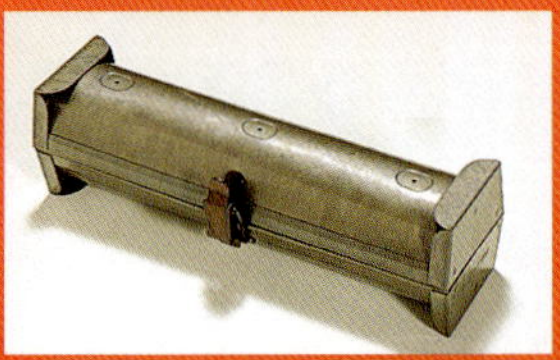

●作り方●

①ロールパンと同じ生地を作ります（基本の生地作り①～⑫）。

②発酵終了後、ガス抜きをしてから生地を3分割して丸め、ベンチタイムに入ります。

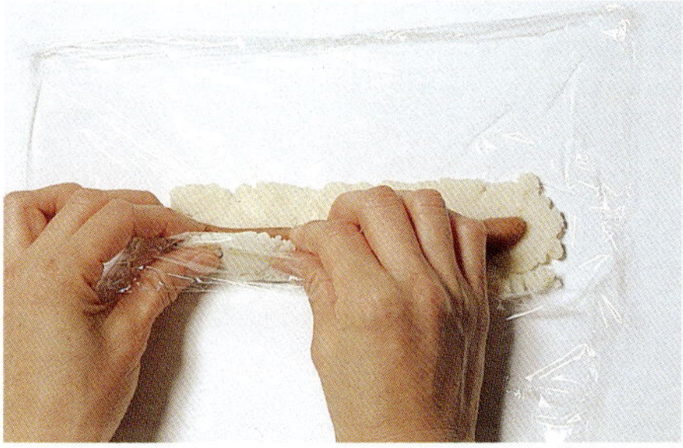

③アスパラの目をマッシュポテトで包みます。ウインナーを縦半分に切って口にし、同じくマッシュポテトで包みます。

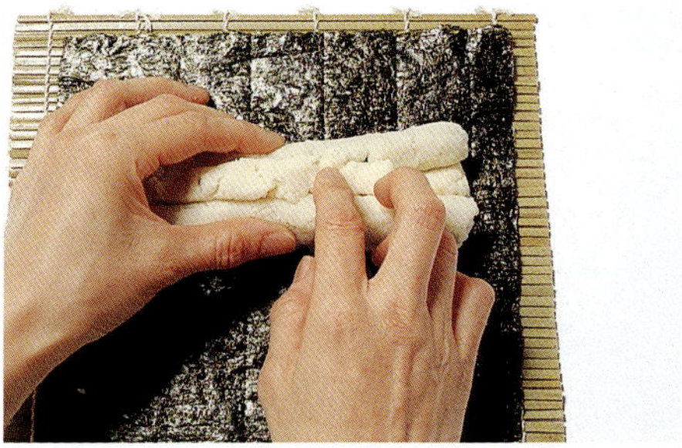

④口と目を、のりで包み、顔にします。

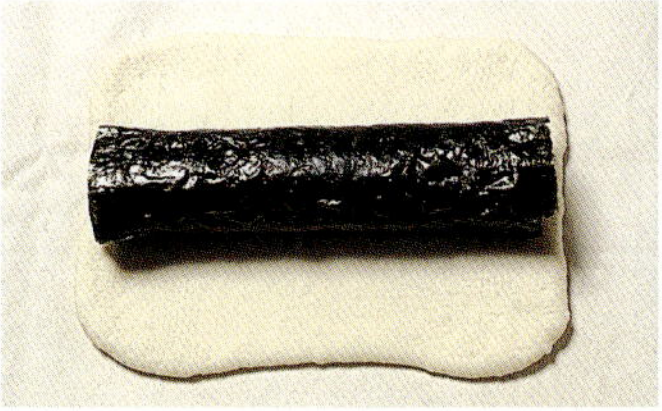

⑤パン生地を四角に伸ばし、④を包み、しっかり閉じます。

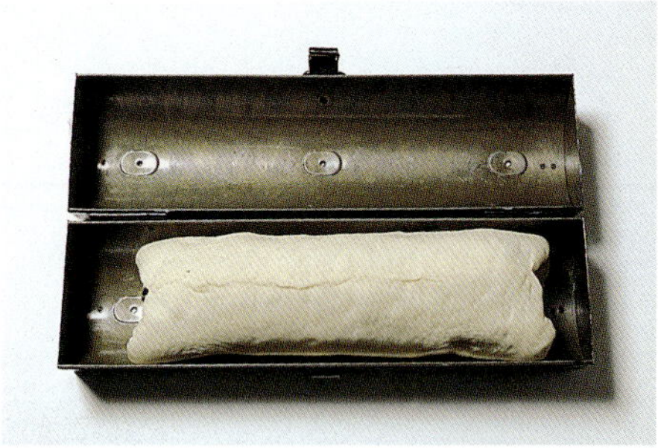

⑥パンドミー型に入れて仕上発酵させます（基本の生地作りと同じ方法です）。

⑦仕上発酵終了後、パンドミー型のふたを閉めクリップをとめて、200℃のオーブンで25分くらい焼きます。

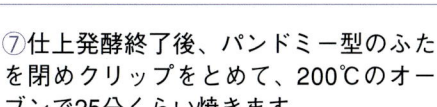

バターロールの生地で作る

うみのなかま

お友達をたくさん呼んで、楽しいパーティーを開きましょう。

タイムチャート

1回目	2回目	油脂入れ	発酵	ガス抜き・分割	ベンチタイム	成型	仕上発酵	照卵	焼き時間
5分	10分	10分	30～40分		20分		20分		25分 おさかなくん 20分～25分 かめさん 15分～20分

材料

おさかなくん　2匹分
かめさん　4匹分

1回目	
強力粉	150g
イースト	6g
砂糖	30g
仕込水	165g
卵	30g

2回目	
強力粉	150g
塩	4.5g
スキムミルク	9g

3回目	
バター（無塩）	45g

●そのほかの材料（各1匹分）

★おさかなくん（カスタード味）	
カスタード	適量
オレンジスライス	10枚
チェリー	1個
アプリコットジャム	適量
★おさかなくん（ツナ味）	
ツナ	80g
マヨネーズ	40g
パセリ	少々
ウインナー	1/2本
★かめさん	
肉団子	3個半
レーズン	2個

ボール紙
アルミホイル

●作り方●

①バターロールの生地を作ります（バターロールの作り方①）。

②発酵終了後、おさかなくんは2匹分で2分割、かめさんは4匹分なので、4分割します。

●おさかなくん（カスタード味）●

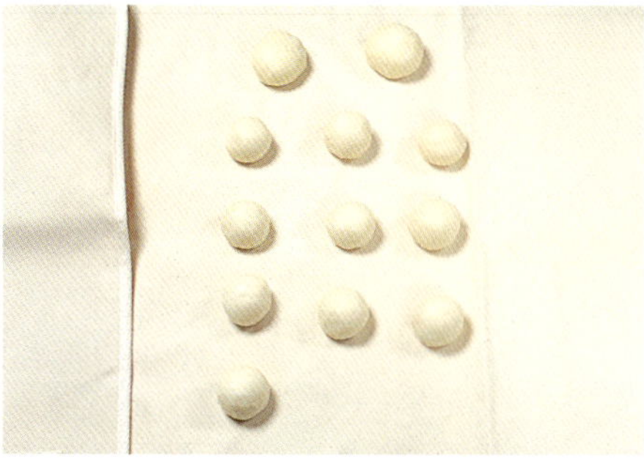

③頭と尾の分30gを2個取り分け、残りを10個に分けて丸め、ベンチタイムに入ります。

④ボール紙で魚の形を作り、アルミホイルで巻いておきます。

⑤ベンチタイム後、頭と尾をめん棒で伸ばし、残りの生地は丸め直して型の中に並べます。尾にスケッパーで線をつけ、仕上発酵します。

⑥仕上発酵後、照卵を塗って、カスタードとオレンジスライスを飾り、チェリーの目を入れます。チェリーは少し押し込むようにしてください。

⑦180℃のオーブンで20〜25分焼き、焼き上がりにアプリコットジャムを塗ります。

●おさかなくん（ツナ味）●　作り方①②は同じ

③頭と尾の分30gを2個取り分け、残りは1つに丸め、ベンチタイムに入ります。

④カスタード味同様、ボール紙とアルミホイルで型を作ります。

⑤ベンチタイム後、胴体の部分の生地を22cm×20cmに伸ばし、ツナとマヨネーズを合わせたものを塗ります。

⑥⑤の生地をくるくると巻き、パン切りナイフで10個に切ります。

⑦めん棒で伸ばした頭と尾、⑥の生地を天板に並べ、仕上発酵します。

⑧仕上発酵後、照卵を塗って180℃のオーブンで20〜25分焼きます。焼き上がったら、パセリのみじん切りを散らして完成です。

●かめさん● 作り方①②は同じ

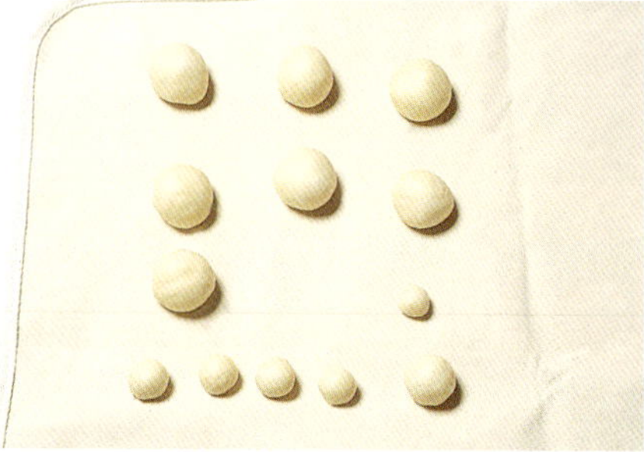

③30gを取り分け、それを頭と尾、足に切り分け形を作ります。残りは7つに分けて丸め、ベンチタイムに入ります。

④ボール紙とアルミホイルで楕円形の型を作ります。ベンチタイム後、胴体の生地を丸め直して型に入れ、頭と尾、足を作り、仕上発酵させます。

⑤仕上発酵後、照卵を塗り、肉団子を半分に切ったものを押し込んでいきます。頭にレーズンの目を入れ、オーブンへ。180℃で15〜20分焼きます。

カスタードの作り方

材 料

卵黄	3個
牛乳	300g
砂糖	60g
薄力粉	20g
コーンスターチ	20g
バター	10g
バニラ	少々

●作り方●

1.卵黄をほぐし、分量の1/2の砂糖を入れて、よく擦り混ぜます。

2.①の中へ粉類を入れ、混ぜ合わせます。

3.牛乳の中に残りの砂糖を入れ、沸騰直前まで温めます。

4.②の中へ③を少しずつ入れていきます。

5.④をこして、火にかけて煮上げます。

6.バターを落とし、荒熱が取れてからバニラまたは洋酒を入れ完成です。

カスタードはパンだけでなく、いろいろなお菓子作りで必要になりますので覚えておくと便利です。

ワンポイント

★仕上発酵の終わった生地は、やさしく扱ってください。

★肉団子を埋め込むときは、そっと押し込むようにしましょう。

クリームチーズマフィン

クリームチーズとオレンジのさわやかなマフィン。短時間で簡単に作れますから、いろんな型で楽しんでみましょう。

材　料

ブリオッシュ型20個分

薄力粉	200g
ベーキングパウダー	5g
バター（無塩）	60g
クリームチーズ	100g
グラニュー糖	120g
卵	80g
牛乳	80g
オレンジカット	40g
レモンの皮（すりおろし）	1個分
コーティングチョコレート	適量
パウダーシュガー	適量

●作り方●

①薄力粉とベーキングパウダーはあらかじめ合わせて2回ほどふるっておきます。バターとクリームチーズは室温に戻しておきます。

②ボールにクリームチーズを入れ、ホイッパーで擦り混ぜ、続けてバターを加え、クリーム状にします。グラニュー糖を加えてさらに擦り混ぜます。

③卵を割りほぐし、②に少しずつ入れ、混ぜます。

④③がなめらかになったら、分量の約1/3の薄力粉を入れ軽く混ぜ、1/2の牛乳を入れます。

焼くときのポイント

★材料のバターはあまりやわらかくしすぎないようにしましょう。また、型に生地を入れすぎると焼いたときにあふれますから注意が必要です。

★焼き上がりの状態が分かりにくいときは、竹串を刺してみてください。

⑤混ぜながら、再び1/3の薄力粉、残りの牛乳を入れ、混ぜ合わせたら、最後に残りの薄力粉とオレンジカット、レモンの皮を入れ、なめらかにします。

このなめらかさを
めざしましょう。

⑥⑤を型の6〜7分目まで入れ、180℃のオーブンで20〜25分焼きます。

型の上手な使い方

どんな型でもいいですが、ここではブリオッシュ型（材質はブリキ）を使用しました。200℃のオーブンで20分ほど、から焼きしてから使います。材質によって多少違いますが、油脂を薄く塗って使用しましょう。写真のようなかわいい型があれば、使ってください。焼き上がりにコーティングチョコレートで飾り付けをすると、とってもかわいくなります。

Delicious Home Made style
Delicious Home Made style

ヨーヨーパン

子どもの自由なセンスでトッピングをしたら、オーブンの中をのぞいてみてください。まんまるくふくらんで、模様もかわいらしく、お祭りですくったヨーヨーのようです。

材　料

デリシャスホームカップ
（直径7.2cm×高さ3cm）16個分

1回目

強力粉	150g
イースト	6g
砂糖	30g
仕込水	165g
卵	30g

2回目

強力粉	90g
薄力粉	60g
塩	4.5g
スキムミルク	9g

3回目

バター（無塩）	30g

●そのほかの材料

★トッピング

クリームチーズ	200g
バター（無塩）	20g
砂糖	50g
卵	40g
薄力粉	10g
ココア	少々

★絞り袋

丸1cm口金

丸3mm口金

タイムチャート

1回目	2回目	油脂入れ	発酵	ガス抜き・分割	ベンチタイム	成型	仕上発酵	トッピングをのせる	焼き時間
5分	10分	10分	30～40分		20分		20分		12～15分

●作り方●

①材料の分量にしたがい、基本の作り方で生地を作ります（基本の生地作り①～⑫）。

②発酵終了後、16個に分割し、丸めてベンチタイムへ。

③ベンチタイムが終わった生地を丸め直して、デリシャスホームカップに入れ、仕上発酵に入ります。

④仕上発酵後、トッピングを絞り袋に入れ、渦巻き状に絞り、180℃のオーブンで12～15分焼きます。

●トッピングの作り方●

1.クリームチーズとバターは室温にしておきます。

2.ボールにクリームチーズ、バターを入れ、ホイッパーで擦り混ぜ、砂糖を加えながらペースト状にします。

3.卵を少しずつ加え、混ざったところで薄力粉を入れ、なめらかになればできあがり。

ココア色の模様を描こう！

クリームチーズのトッピングを少し取り分け、ココアパウダーを入れココア色のペーストを作ります。白いトッピングを絞った上に、細く渦巻き状にココア色のトッピングを絞るとかわいらしく焼き上がります。

絞り袋と口金の代用品

今回は穴の丸い小さな口金を使いましたが、口金がなければ、パラフィン紙を円すい形にしてコルネ型を作り、そこにトッピングを入れて絞る方法もあります。

チョコバナナ

見た目もバナナそっくりのパンをかじると、本物のバナナの香りとチョコレート、カスタードの甘さが広がります。

材 料

8本分

1回目	
強力粉	150g
イースト	6g
砂糖	30g
仕込水	30g
牛乳	110g
卵	45g
コンデンスミルク	30g

2回目	
強力粉	150g
塩	5g

3回目	
バター（無塩）	30g

●そのほかの材料

バナナ	4本
板チョコ	適量
カスタード	卵黄1～2個分くらい

(25ページのカスタードの作り方で半分くらいの量を作ります)

タイムチャート

1回目	2回目	油脂入れ	発酵	ガス抜き・分割	ベンチタイム	成型	仕上発酵	照卵	焼き時間
5分	10分	10分	30～40分		20分		20分		10～15分

●作り方●

①仕込水、牛乳、卵、コンデンスミルクを先に混ぜておきます。後は、材料の分量にしたがい、基本の作り方で生地を作ります（基本の生地作り①～⑫）。

②発酵終了後、8個に分割し、丸めてベンチタイムへ。

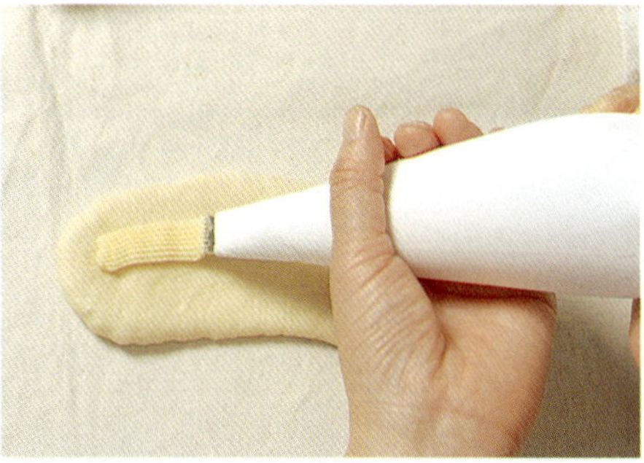

③ベンチタイムが終わった生地をめん棒で楕円形に伸ばし、そこにカスタードを絞ります。

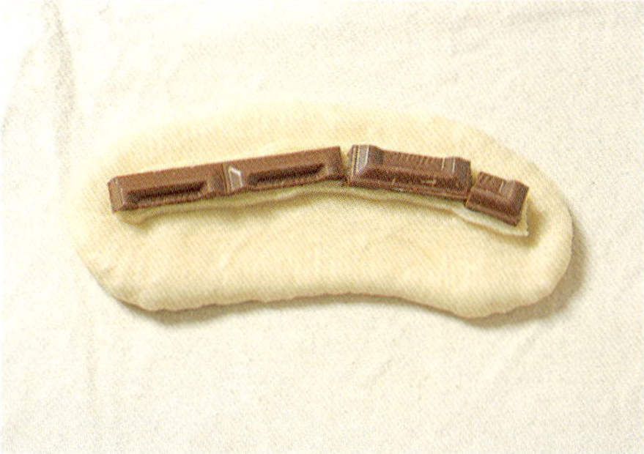

④板チョコを割ったものを、③の上にのせます。

⑤縦半分にバナナを切り、④の上にのせます。

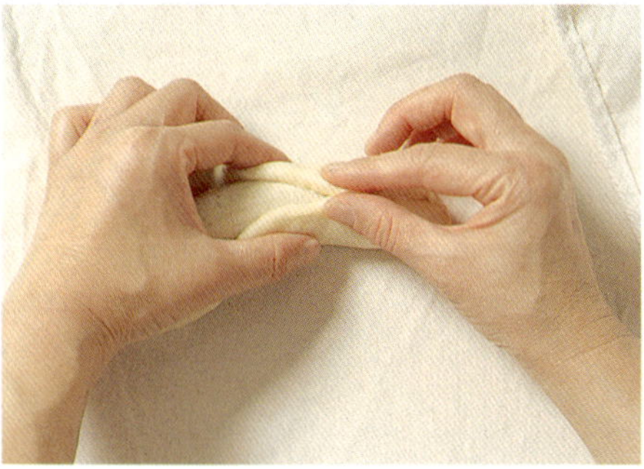

⑥⑤のパン生地をバナナが完全に隠れるように、上下両方から合わせ、こまかく閉じていきます。天板にのせ、仕上発酵に入ります。

⑦仕上発酵後、照卵を塗り、180℃のオーブンで10～15分焼いて完成です。

作るときのポイント

★バナナはカーブに沿って切ると、成型の際、バナナの形にしやすくなります。
★カスタードやチョコレートを入れすぎると、焼き上がったとき生地が開き、中身が出てきてしまうことがありますので、気をつけましょう！

にんじんパン

生地ににんじんを練り込んで、ほんのり甘く仕上げます。にんじん嫌いの子も思わずかぶりつくおいしさ。お母さんのアイデアでサラダやハムなど、いろんなものを詰めてみましょう。

材料

12本分

1回目

強力粉	150g
イースト	9g
砂糖	25g
仕込水	130g
にんじん	90g
はちみつ	60g

2回目

強力粉	150g
塩	5g

3回目

バター（無塩）	25g

タイムチャート

●作り方●

①にんじん90gをすりおろし、おろしたものを軽く絞り、絞り汁と水を足して仕込水が130gになるよう調節し、そこへはちみつを混ぜます。後は、材料の分量にしたがい、基本の作り方で生地を作ります（基本の生地作り①〜⑫）。

②すりおろしたにんじんの身も、最初の混ぜ合わせのときに入れてかき混ぜます。

③発酵終了後、12個に分割し、丸めてベンチタイムに入ります。

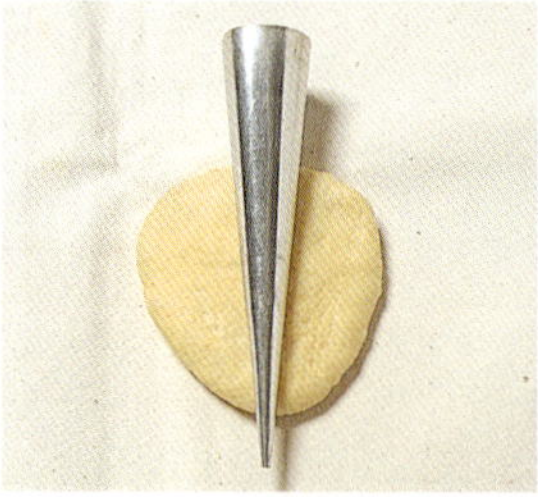

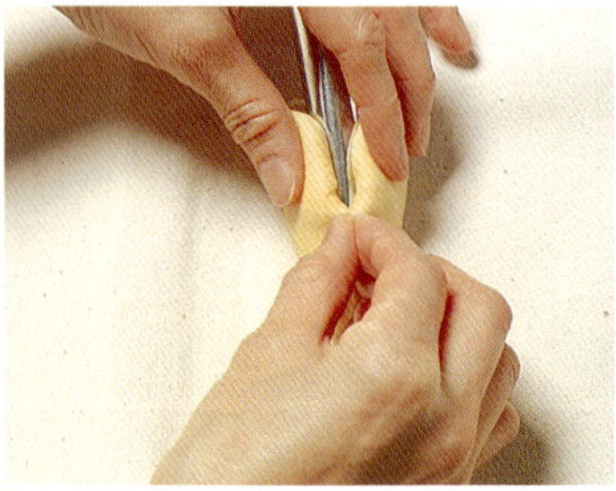

④ベンチタイムが終わった生地をめん棒で伸ばし、コルネ型にかぶせます。コルネ型にはショートニングを塗っておいてください。

⑤しっかりと生地を閉じ、閉じ目を下にして天板にのせ、仕上発酵へ。

⑥仕上発酵が終わったら、照卵を塗って、180℃のオーブンで10〜15分焼き、焼き上がったら、型からはずします。

⑦お好みで中に色々な具を詰め、お召し上がりください。

コルネ型の使い方

コルネ型は先がとがっていますから、気をつけて扱ってください。また、ぎりぎりまで生地をかぶせると、はずれなくなりますので、注意しましょう。コルネ型は本来、コルネパン（チョコレートパン）を作るときに使います。

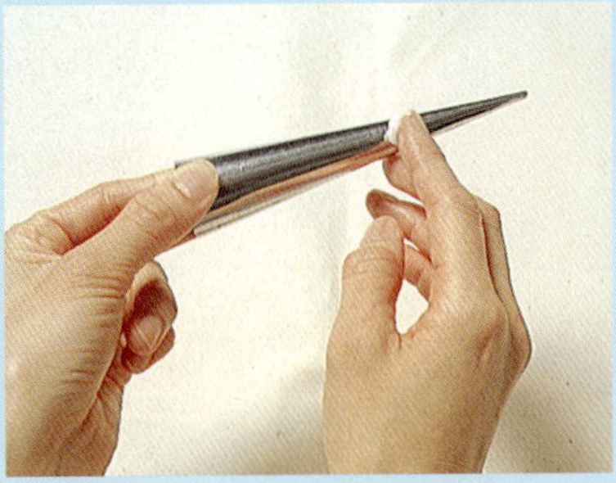

ピタ

オーブンの中で、ぷっくりふくらむのが楽しい不思議なパン。
何を詰めてもおいしく食べられます。

材料

12枚分

1回目

強力粉	150g
イースト	12g
砂糖	5g
仕込水	205g

2回目

強力粉	150g
塩	6g

一口メモ

ピタはパンのはじまり？

　ピタはパンの原点といえるもので、古くから食べられていました。ポケットブレッドまたはアラビックブレッドともいわれています。

タイムチャート

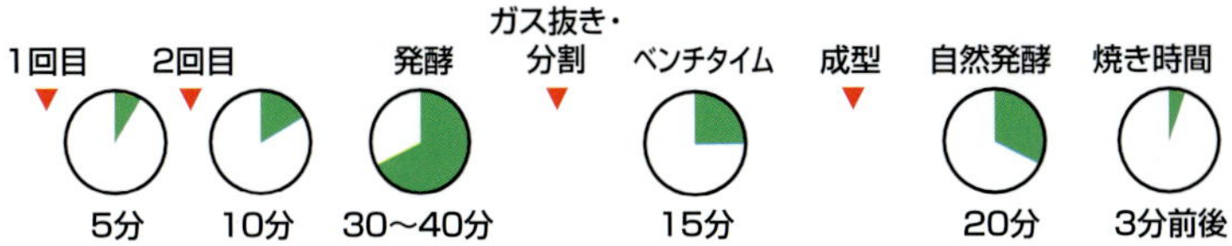

●作り方●

①材料の分量にしたがい、基本の作り方で生地を作ります（基本の生地作り①～⑥、⑩、⑪、⑫）が、油脂は入りません。

②発酵終了後、12個に分割し、丸めてベンチタイムへ。

③ベンチタイムが終わった生地をめん棒で丸く伸ばします。

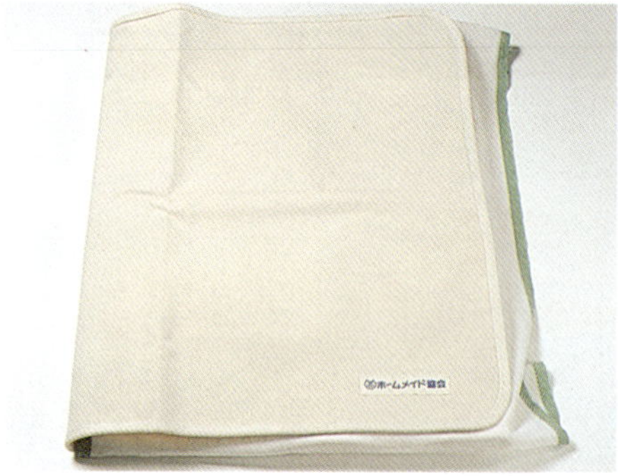

④キャンバスの間で、20分間自然発酵させます。

⑤オーブンを260℃にあたためておき、天板も一緒に入れ熱しておきます。

⑥自然発酵が終了したら、オーブンから熱い天板を出し、急いで生地をのせ、オーブンへ。

ワンポイント

成型のときは、めん棒でできるだけ薄く伸ばしましょう。伸ばした生地を天板にのせるときは、天板が非常に熱くなっていますから、くれぐれも注意してください。

オーブンの中の生地がふくらんできても、途中では開けないようにしましょう。

⑦風船のようにふくらんできますので、うっすらと焼き色がついてきたらオーブンから出します。約3分くらいです。

⑧焼き上がりを半分に切り、詰めものをして食べます。何をはさんで食べてもおいしいですが、ここでは、鶏肉とカシューナッツの炒めものを詰めました。

●詰めものの作り方●

材料

鶏肉（むね）	100g
ピーマン	2個
セロリ	1/2本
カシューナッツ	100g
カレー粉	適量
塩・こしょう	適量
しょう油	適量
酒	適量
しょうが	少々
片栗粉	大さじ1

1.材料を1cm角くらいに切ります。
2.鶏肉はカレー粉、酒、塩、こしょうで下味をつけておきます。
3.カシューナッツは油の中をくぐらせておきます。
4.サラダオイルでしょうがのみじん切りを炒め、鶏肉を入れ、色が変わったら、野菜を入れ炒めます。
5.カシューナッツを入れて、塩、こしょう、カレー粉、しょう油、酒で味をつけ、水とき片栗粉をからめてできあがりです。

フルーツタルト・パインブレッド

お好みのフルーツを飾り、バリエーションを楽しみましょう。

タイムチャート

1回目	2回目	油脂入れ	発酵	ガス抜き・分割	ベンチタイム	成型	仕上発酵	焼き時間
5分	10分	10分	30〜40分		15〜20分		15〜20分	15〜20分

材料

フルーツタルト 18cmパイ皿5枚分または
パインブレッド　5個分

1回目

強力粉	150g
イースト	6g
砂糖	30g
仕込水	165g
卵	30g

2回目

強力粉	150g
塩	5g

※カスタードは卵黄3個分で、フルーツタルト5個分（パインブレッドも5個分）になります。

3回目

バター（無塩）	15g

●そのほかの材料

★フルーツタルト（各1個分）

黄桃（半割り）	3個
キーウィ	1/2個
チェリー	1個
カスタード	適量
アプリコットジャム	適量

★パインブレッド（各1個分）

パイナップル（輪切り）	1枚
カスタード	適量

●作り方●

①材料の分量にしたがい、基本の作り方で生地を作ります（基本の生地作り①～⑫）。

②発酵終了後、5個に分割し、丸めてベンチタイムへ。

●フルーツタルト●

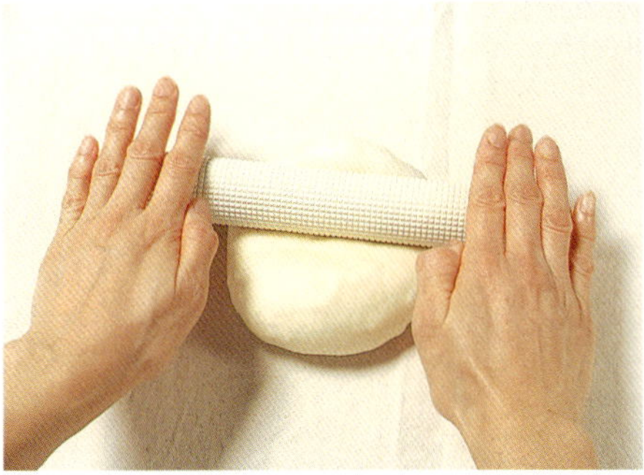

③ベンチタイムが終わった生地をめん棒で丸く伸ばし、パイ皿に敷き込みます。ピケをしてカスタードを絞り、仕上発酵をします。

④仕上発酵後、カスタードの上にフルーツを飾り、180℃のオーブンで15～20分焼きます。

⑤焼き上がったら、アプリコットジャムを塗ってつやを出します。

●パインブレッド●　作り方①は同じ

②発酵終了後の生地を5個に分割して、さらに、1個分の生地を、葉用20g、台用40g、飾り用40gの3つに分割し、丸めてベンチタイムへ。

③葉はめん棒で三角に伸ばし、スケッパーで切り込みを入れます。

④台は楕円形に伸ばし、カスタードを絞って、輪切りのパイナップルをのせます。飾りは長方形に伸ばし、細長いひも状に切っておきます。

⑤台の上に飾りを、パイナップルのように格子状にのせ、③の葉をつけます。

⑥仕上発酵後、照卵を塗ってフルーツパン同様、180℃のオーブンで15～20分焼きます。

ナン

インドで昔から食べられている伝統
的なパン。カレーと一緒にどうぞ。

材　料

10枚分

1回目	
強力粉	150g
イースト	3g
砂糖	6g
仕込水	120g
ヨーグルト	60g

2回目	
薄力粉	150g
塩	3g

3回目	
サラダオイル	25g

タイムチャート

●作り方●

①仕込水はヨーグルトと合わせておきます。

②材料の分量にしたがって基本の作り方で生地を作ります（基本の生地作り①～⑫）。

③生地の固さは、ほかのパンより固めです。また、薄力粉が多く入るので、生地作りの時間は少し短めになります。

④発酵が終わった生地を、10個に分割して丸め、15分ベンチタイムに入ります。ベンチタイム後、生地をめん棒で三角に伸ばします。

⑤さらに手で引いて形を整えます。大体、底辺の長さが12～13cm、長辺の長さが17～18cmになるようにしましょう。

⑥フライパンに好みで油をひいて、生地の表と裏を焼きます。

フルーツカレーの作り方

カレーはどんなカレーでも合いますが、ここでは子どもが喜ぶフルーツカレーの作り方を紹介します。

材　料

玉葱	1個
サラダオイル	大さじ1
豚ひき肉	300g
カレー粉	小さじ2
パインジュース	1缶(165g)
トマトジュース	1缶
ブイヨン	1カップ (キューブなら1個)
りんご	小さいもの1個
バナナ	1本
カレールゥー	100g

●作り方●

1.玉葱はみじん切りにしておきます。
2.豚ひき肉にカレー粉をまぶしておきます。
3.鍋に油を入れて熱し、玉葱を加えます。甘味が出るまで炒め、豚ひき肉を加えてポロポロになるまで炒めます。
4.③にパインジュース、トマトジュース、ブイヨンを加えて10分くらい煮込みます。
5.1cm角に切ったりんご、1cmの輪切りのバナナを④に入れて10分くらい煮ます。カレールゥーを加え、さらに10分ほど煮て味をととのえます。

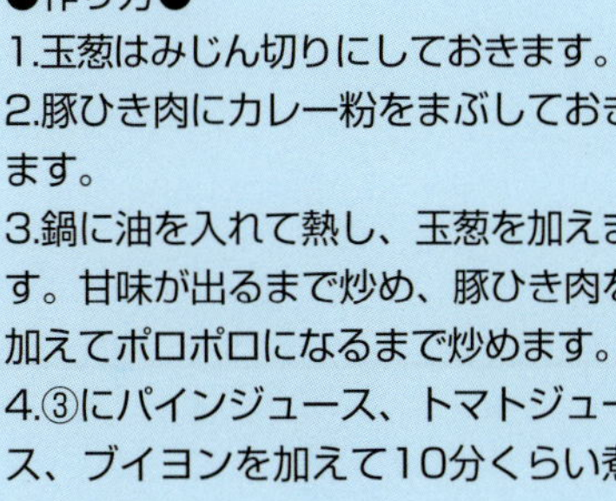

ベーグル

パン生地を湯通しすることで、もちもちとした食感になります。色々サンドして楽しみましょう！

材料

10個分

1回目	
強力粉	150g
イースト	3g
砂糖	15g
仕込水	180g

2回目	
強力粉	150g
塩	5g

3回目	
サラダオイル	12g

タイムチャート

●作り方●

①材料の分量にしたがい、基本の作り方で生地を作ります（基本の生地作り①～⑫）。多少かための生地に仕上がります。

②少し長めに発酵をかけます。発酵終了後、10個に分けて丸め、10分のベンチタイムに入ります。

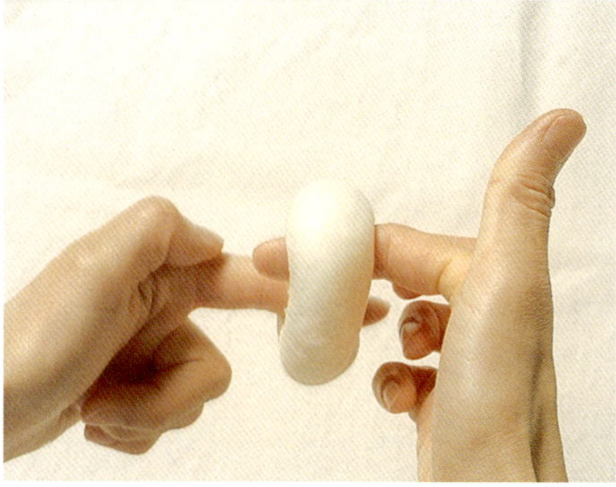

③手で軽く押して、指を中心に刺し、糸巻きのやり方で輪を作ります。

④天板の上に生地を置き、その上に網をのせます。さらにキャンバスをかけ、自然発酵させます。

⑤鍋に湯を沸かしておき、自然発酵が終わった生地をそのまま湯に入れます。1～2分するとフワーとふくれて大きくなりますので、天板に取り出します。

⑥照卵をすぐに塗って200℃のオーブンで10～15分焼きます。

ベーグルのおいしい食べ方

ベーグルはユダヤ系の国に古くから伝わり、日常的に食べられているパンです。横にスライスして、好みでさまざまなものをはさんで食べます。

パンプキンブレッド

栄養満点のかぼちゃがたっぷり入ったかわいいパン。ハロウィンパーティーのプレゼントにも最適です。

材　料

12個分

1回目

強力粉	150g
イースト	6g
砂糖	45g
仕込水	120g
卵	45g
コンデンスミルク	15g

2回目

強力粉	150g
塩	5g

3回目

バター（無塩）	30g
かぼちゃのマッシュ	100g

（冷凍かぼちゃを電子レンジであたためてつぶします）

●そのほかの材料

かぼちゃのマッシュ	300g
砂糖	40g
バター（無塩）	20g
生クリーム	10g

タイムチャート

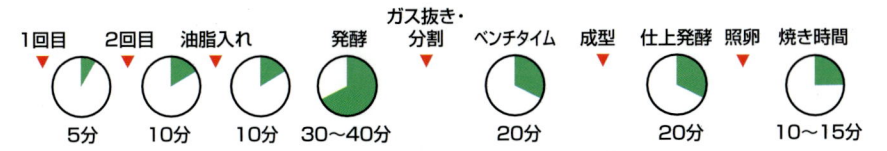

1回目	2回目	油脂入れ	発酵	ガス抜き・分割	ベンチタイム	成型	仕上発酵	照卵	焼き時間
5分	10分	10分	30〜40分		20分		20分		10〜15分

●作り方●

①マッシュしたかぼちゃに砂糖、バターを入れます。

②生クリームでのばしてかぼちゃあんを作ります。

③材料の分量にしたがい、基本の作り方で生地を作ります（基本の生地作り①～⑩）が、最後の油脂入れのときに、油脂と一緒にかぼちゃのマッシュを入れます。

④表面をきれいにととのえて発酵に入ります。

⑤発酵終了後、12個に分割し、丸めてベンチタイムへ。

⑥ベンチタイムが終わった生地をめん棒で丸く伸ばし、かぼちゃあんを包みます。閉じ目はしっかり閉じてください。

⑦仕上発酵後、ハサミで周囲をカットします。

⑧照卵をして、180℃のオーブンで10～15分焼きます。

⑨焼き上がったら、へたを刺して完成です。

ワンポイント

★かぼちゃのマッシュは冷凍かぼちゃの方が、安定していて、失敗なく作れます。かぼちゃあんは日持ちしませんから、できたてを食べるようにしましょう。

★焼きたてのパンは、中のあんも熱くなっていますから、食べるときは注意しましょう。

クロワッサン

少し難しいクロワッサンに挑戦！サックリとしたできあがりに子どもは大喜びすることでしょう。

材　料

11個分

1回目	
中力粉	150g
イースト	6g
砂糖	30g
仕込水	150g
卵	30g

2回目	
中力粉	150g
塩	4.5g
スキムミルク	6g

3回目	
バター（無塩）	30g

●そのほかの材料

バター（無塩）	150g

タイムチャート

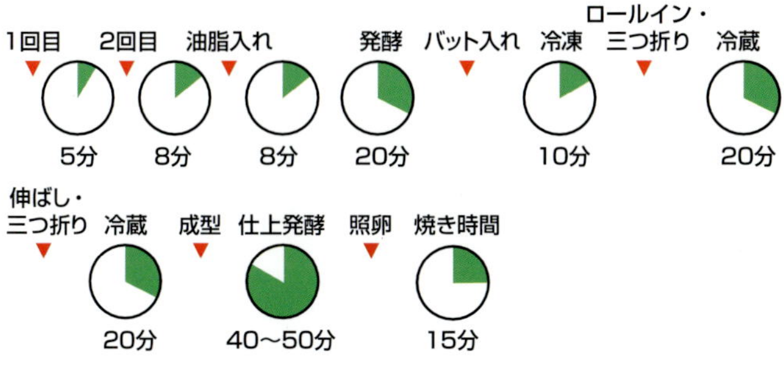

●作り方●

①材料の分量にしたがい、基本の作り方で生地を作ります（基本の生地作り①～⑫）が、中力粉なので、こね時間は少し短くなります。

②発酵の方法は基本と同じですが、時間は20分になります。また、温度も低めで27℃で発酵させます。

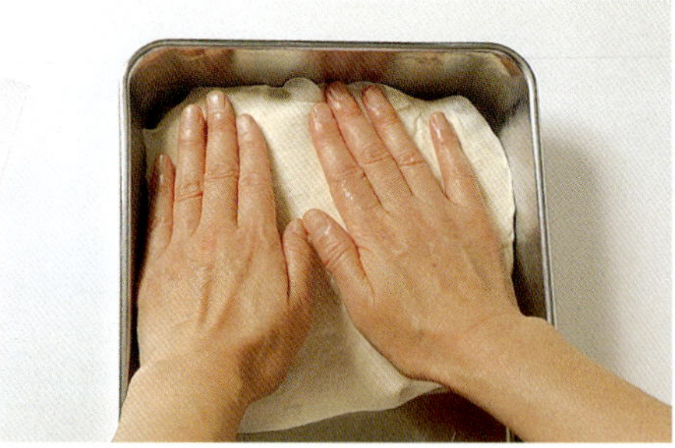

③発酵終了後、ガス抜きをせずにバットの中に入れます。

④ビニールをかぶせて10分間冷凍します。

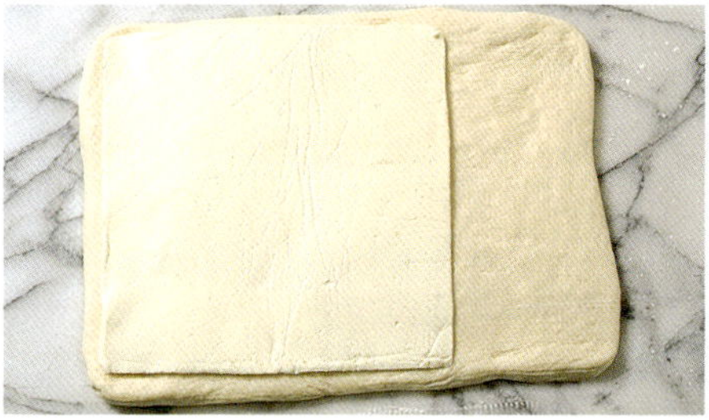

⑤20cm×30cmの長方形になるよう、生地を伸ばし、20cm×20cmのバターシートを生地の端に寄せて置きます。

⑥バターシートののっていない部分から折り込み、三つ折りにします。

⑦横方向にめん棒で細かく押し、その後、縦方向にも細かく押します。

⑧めん棒で角をしっかり伸ばしながら、25cm×55cmにします。
三つ折りにしてバットに入れ、20分冷蔵します。

⑨三つ折りのまま、中心からめん棒で伸ばし、再び25cm×55cmにします。

⑩もう一度三つ折りにして20分冷蔵したら、いよいよ成型です。20cm×66cmの長方形に伸ばし、11cmごとに斜めに筋をつけます。

⑪筋の通りに生地を切り分け、底辺11cm、高さ20cmの三角形を11個作ります。

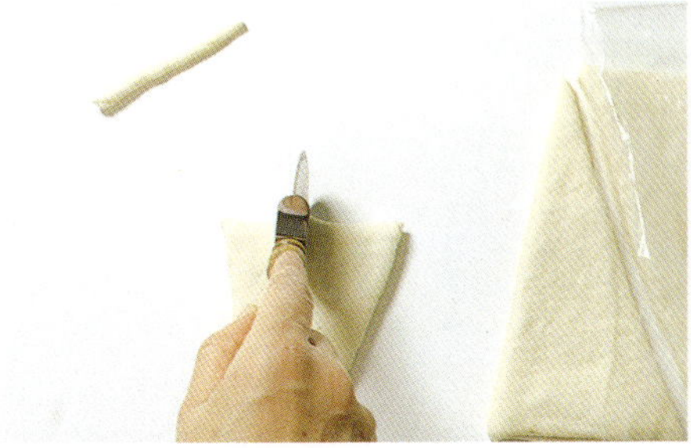

⑫三角形の底辺を少し切り、縦に1.5cmの切り込みを入れます。

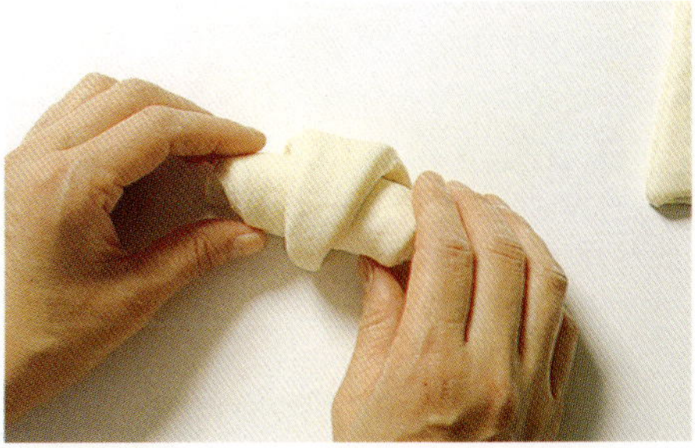

⑬少し広げながら巻いていき、巻き終わりを下にして置きます。

⑭基本の作り方より、少し低めの温度（33～35℃）で40～50分仕上発酵します。

⑮照卵を塗って、200℃のオーブンで15分焼きます。

クロワッサンのバリエーション

生地を巻いていくとき、ウインナーや紅茶（アールグレイ）の葉を一緒に巻いて作ると、一味違ったクロワッサンが作れます。ほかにも、チョコレートやチーズなどが合います。いろいろ試して、オリジナルのクロワッサンを作ってみましょう。

ワンポイント

★バターシートは折り込みバター（無塩）があれば、一番作りやすいのですが、手に入らないときはバター（無塩）をラップではさんで、20cm×20cmにめん棒で伸ばして使ってください。

★生地を伸ばすときは、打ち粉をしながら、作業するようにしてください。打ち粉は強力粉を使います。生地は冷やしながら伸ばしていきましょう。成型のときは、打ち粉をはけでよく落としながら行なってください。

★仕上発酵は普通のパンより低めの条件で行ないます。

★オーブンはしっかり予熱をしておきましょう。

ピザ

生地が上手にできたら、何をのせるかはアイデア次第。
いろんな具を組み合わせて、オリジナルピザを作りましょう。

材料

パイ皿21cm　4枚分

1回目	
強力粉	150g
イースト	6g
砂糖	6g
仕込水	195g

2回目	
強力粉	60g
薄力粉	90g
塩	5g
こしょう	少々

3回目	
サラダオイル	10g

●そのほかの材料（シーフードピザ）

エビ	20匹
イカ	1ぱい
玉葱	適量
赤ピーマン	適量
スイートコーン	適量
ピザソース	150g
ピザ用チーズ	300g

タイムチャート

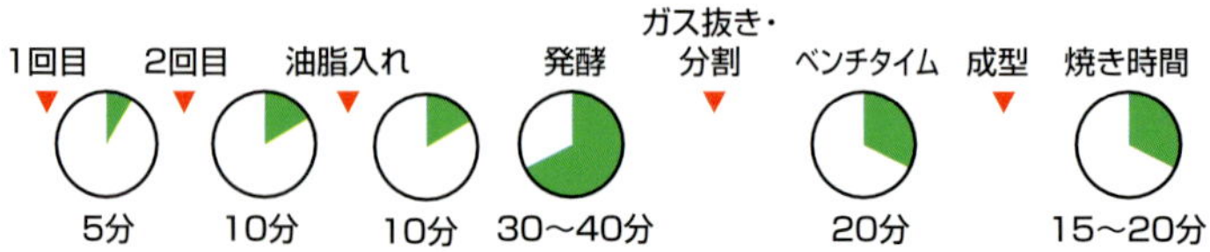

具の準備

エビとイカの輪切りを軽くソテーします。味は塩、こしょうで薄くつけます。玉葱と赤ピーマンはみじん切りしておきます。

ここでは、シーフードピザを作りましたが、具はお好みで自由に選んでください。生のものはボイルするか、ソテーしてのせていきます。

●作り方●

①材料の分量にしたがい、基本の作り方で生地を作ります（基本の生地作り①～⑫）。発酵終了後、4個に分けて丸め、20分ベンチタイムをします。

②ベンチタイムが終わった生地をめん棒で伸ばし、サラダオイルを薄く塗ったパイ皿に敷き込みます。パイ皿に敷いてから手でも少し伸ばして構いません。パイ皿にサラダオイルをつけすぎるとすべってしまうので、注意しましょう。

③フォークで生地を刺し、ピケをします。

④ピザソースを塗り、具、チーズをのせて180℃のオーブンへ。

メープルナッツ

相性バツグンのメープルシロップとピーカンナッツ。チョコレートなどでトッピングを楽しみましょう。

材料

タルト型 16個分

1回目

強力粉	150g
イースト	6g
仕込水	135g
メープルシロップ	45g
卵	30g

2回目

強力粉	150g
塩	5g

3回目

バター（無塩）	20g
ピーカンナッツ	50g
アーモンド	50g

（ナッツ類は150～160℃で5～6分、から焼きをしておきます）

●そのほかの材料
パウダーシュガー
メープルシロップ
ピーカンナッツ
コーティングチョコレート
チョコスプレー

タイムチャート

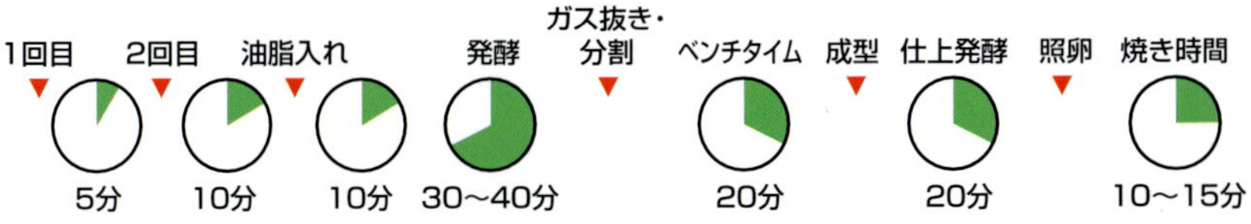

●作り方●

①仕込水とメープルシロップ、卵は先に混ぜておきます。材料の分量にしたがい、基本の作り方で生地を作ります（基本の生地作り①～⑩）。生地ができあがったら、油脂入れのときのように3つに切ってボールに入れ、ナッツ類を混ぜます。

②しっかり手でもみ込み、たたいてまとめ、発酵に入ります。
発酵後、ガス抜きをし、16個に分割して丸め、ベンチタイムへ。

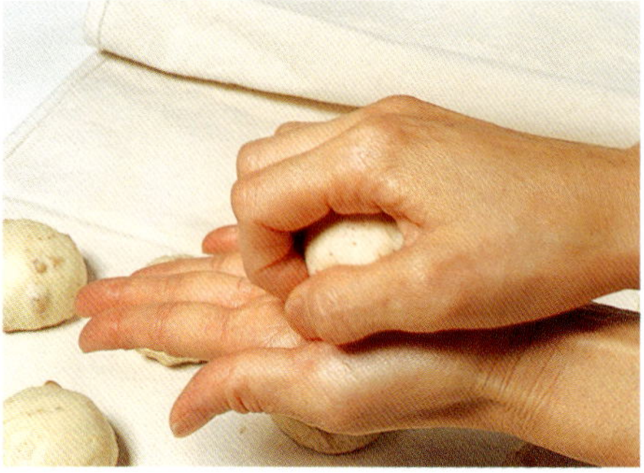

③ベンチタイムが終わった生地を丸め直します。

④タルト型にショートニングを塗っておき、③の生地を入れて軽く押さえ、仕上発酵させます。

⑤仕上発酵が終わったら、照卵を塗って、180℃のオーブンで10〜15分焼きます。焼き上がったら、すぐ型から出します。

⑥焼き上がったものにパウダーシュガーをメープルシロップでといたアイシングを塗り、ピーカンナッツを飾ります。また、コーティングチョコレートを湯せんで溶かしたものを塗って、チョコスプレーで飾ってもかわいくなります。

ミネラル豊富な ピーカンナッツ

ピーカンナッツはクルミ科のナッツ。良質の植物性油脂とタンパク質、鉄、カルシウムがたくさん含まれています。渋味が少なく、どんな材料にも合いますので、さまざまに活用できます。

ピーカンナッツは酸化しやすいので、冷蔵庫で保存し、できるだけ早く使い切りましょう。また、使う分だけ、から焼きするようにしてください。

ワンポイント

焼き上がったら、すぐに型から出しますが、熱くなっていますから、注意してください。トッピングは冷めてから行ないます。

パーティーサンド

サンドイッチをオシャレにデコレーションすると、まるでケーキみたいに華やかになります。

材 料

食パン	1.5斤
きゅうり	1本
ハム	3枚
ゆで卵	2個
マヨネーズ	適量
溶きがらし	適量
バター（無塩）	適量

●飾り用

生クリーム	50cc
マヨネーズ	大さじ1
プリーツレタス	
ラディッシュ	

●作り方●

①食パンを上下はずして、横6枚にスライスし、2枚ずつセットでからしバターを塗ります。

②ゆで卵、ハム、きゅうりそれぞれをみじん切りにしたものとマヨネーズを合わせて、フィリングを作ります。

③3タイプのフィリングをからしバターを塗った面にナッペし、重ねて重しを置き、落ち着かせます。

④生クリームをホイッパーで泡立て、マヨネーズを合わせます。

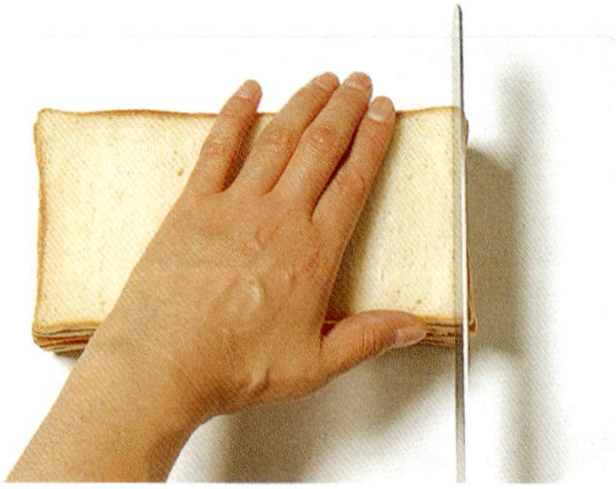

⑤サンドイッチの端を切り落とします。

⑥④を上面にナッペします。星口金をつけた絞り袋に④の残りを入れ、きれいに飾りつけます。 飾り切りしたラディッシュ、プリーツレタスを使って、お皿を華やかに盛りつけます。

食パンの作り方

サンドイッチの食パンは買ってきたものでも構いませんが、食パン型があれば、家庭で手づくりの食パンが味わえます。

材　料

1回目	
強力粉	150g
イースト	6g
砂糖	15g
仕込水	195g

2回目	
強力粉	150g
塩	6g

3回目	
ショートニング	15g

●作り方●

1.材料の分量にしたがい、基本の作り方で生地を作ります（基本の生地作り①〜⑫）。

2.発酵終了後、3個に分けて、ベンチタイムへ。

3.ベンチタイムが終わった生地を裏返し、めん棒を中央から左右・上下1/3ずつかけます。

4.次に左右・上下2/3くらい伸ばし、最後に端までめん棒をかけます。

5.15cm×20cmの長方形にしたら、手前からしっかりと巻き込み、巻き終わりをきちんと閉じます。

6.閉じ目を下にして、半分に折り、U字型にします。

7.食パン型にU字型の生地を交互に3つ入れ(真ん中の生地だけがUを逆さにした形になります)、仕上発酵へ。

8.食パン型の8〜9分目まであがってきたら、ふたをして200℃のオーブンで焼きます。

タイムチャート

肉まん・あんまん

寒い冬は親子でアツアツの肉まん・あんまんを作ってみましょう。体も心もあたたかくなります。

材 料

16個分

1回目	
強力粉	90g
薄力粉	60g
イースト	3g
砂糖	30g
仕込水	135g
牛乳	30g

2回目	
薄力粉	150g
塩	2g
ベーキングパウダー	3g

3回目	
ラード	9g

●そのほかの材料

★肉まん（16個分）

焼豚	150g
たけのこ	20g
しいたけ	5g
白菜	150g
長ネギ	50g
しょうが	5g
砂糖	大さじ1
塩	少々
しょう油	小さじ1
酒	大さじ1
豆板醤	小さじ1/2
ごま油	大さじ1
片栗粉	大さじ2
サラダオイル	適量

★あんまん（16個分）

小倉あん （またはこしあん）	300g

パラフィン紙

タイムチャート

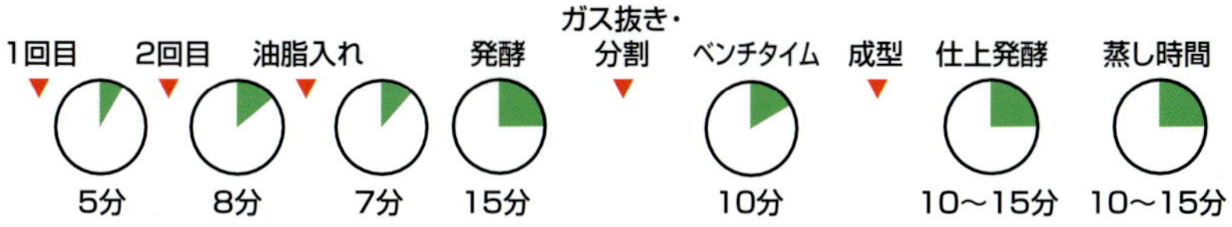

●作り方●

①材料の分量にしたがい、基本の作り方で生地を作ります（基本の生地作り①～⑫）が、薄力粉が多く入るので、生地作りの時間は短めになります。

②生地ができたら、基本の作り方より低めの温度（28℃）で、15分発酵させます。

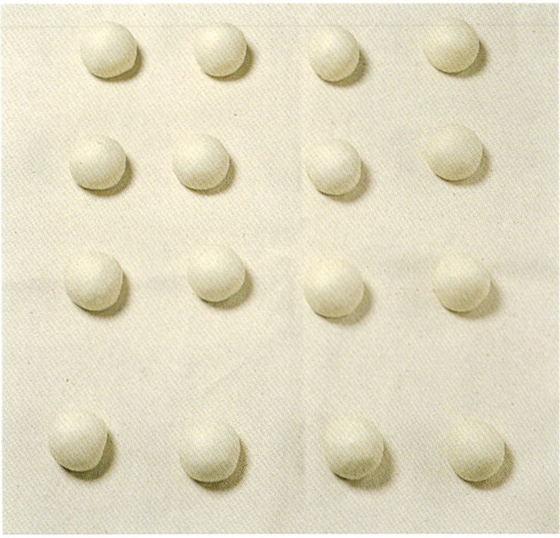

③発酵後、10個に分割して丸め、ベンチタイムに入ります。

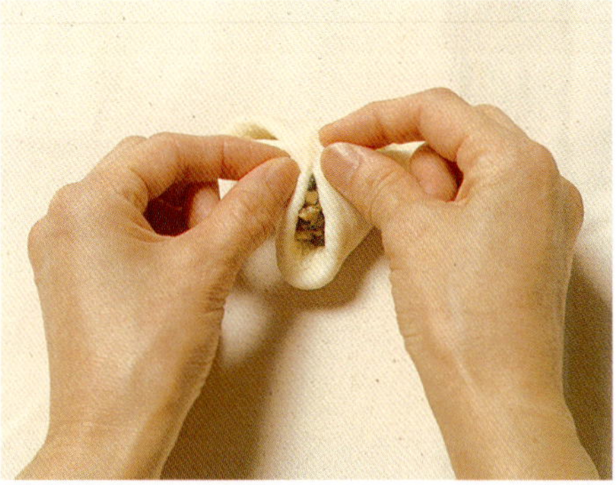

④生地をめん棒で円形に伸ばし、肉まんの具またはあんを包みます。

⑤肉まんはつまんだ方を上に向けます。あんまんは閉じ目を下にして、上に少しあんをのせます。

ワンポイント

★蒸気のよくあがった蒸し器に入れ、入れたら少し火を弱めましょう。蒸気はとても熱くなっていますから、気をつけてください。

★発酵温度や時間が普通のパンと異なっています。発酵しすぎないように注意しましょう。

⑥パラフィン紙の上にのせて、通常より低めの温度（35〜36℃）で、10〜15分仕上発酵にかけます。

⑦蒸気のあがった蒸し器で10〜15分くらい蒸してできあがりです。

肉まんの具の作り方

1.しょうがと長ネギはみじん切り、残りの材料はすべて荒みじん切りにしておきます。
2.サラダオイルを熱して、しょうがと長ネギを炒め、野菜類、焼豚を入れて炒めます。
3.調味料を合わせておき、入れます（焼豚によって味が違うので、味見をしながら調節してください）。
4.片栗粉でとろみをつけ、最後にごま油を入れます。

ストレーゲ（チーズ味）

まるでクラッカーみたいなサクサクのパン。お面にだって
なっちゃいます。

材料

中力粉	200g
粉チーズ（パルメザンチーズ）	30g
イースト	3g
塩	2g
こしょう	少々
仕込水	100g
オリーブオイル	20g

●そのほかの材料

オリーブオイル	適量

一口メモ

ストレーゲの生まれたわけ

ストレーゲはイタリアのパン。パン屋さんが釜の温度の具合を見るために、生地を薄く伸ばして焼いたのが始まりだといわれています。

●作り方●

①ボールの中に、中力粉、粉チーズ、塩、こしょう、イーストを入れて混ぜ、仕込水を入れます。

②少し混ざったところで、オリーブオイルを入れ、手でこねます。

③こね終わったら、ボールに入れ、ラップをかけて30分室温でねかせます。

④30分後、めん棒でうすく伸ばし、パイカッターでカットします。

**さあ、
どんな形に
切ろうかな。**

⑤天板に並べ、表面にオリーブオイルを塗り、200℃のオーブンで7〜8分焼きます。

ワンポイント

生地は薄く伸ばしていきます。厚さが均一でないと、焼くときにむらができますので、注意してください。

中力粉が手に入らないときは、強力粉と薄力粉を、8：2の割合で混ぜて使っても、おいしく作れます。

短時間で簡単に作れるパンです。生地を伸ばしたら、自由にカットしてみてください。お面を作ってもかわいいですし、星や月の形にしても面白いでしょう。

チーズが香る塩味のパンなので、おつまみにも最適。たくさん作ってお父さんにプレゼントしたら、きっと喜ばれますよ。

エビフライパン・ジャガコーン・アスパラ巻きを豪快に…

パーティーブレッド

お友達をたくさん呼んで、楽しいクリスマスパーティーを。パンに包まれたエビフライやジャガイモのチーズ焼きに、みんな大喜びです。

材　料

15個分

1回目	
強力粉	150g
イースト	6g
砂糖	15g
仕込水	195g

2回目	
強力粉	150g
塩	6g
スキムミルク	6g

3回目	
ショートニング	15g

●そのほかの材料

★エビフライパン

エビフライ	15個
ソース	適量
アーモンドスライス	適量

★ジャガコーン

マッシュポテト	200g
マヨネーズ	60g
スイートコーン	60g
ベーコン	40g
プロセスチーズ	適量

★アスパラ巻き

グリーンアスパラガス

ベーコン

タイムチャート

1回目	2回目	油脂入れ	発酵	ガス抜き・分割	ベンチタイム	成型	仕上発酵	照卵	焼き時間
5分	10分	10分	30～40分		20分		20分		10～15分

●作り方●

①基本の作り方でロールパン生地を作ります（基本の生地作り①～⑫）。

②発酵終了後、15個に分割して丸め、ベンチタイムに入ります。

③ベンチタイムが終わった生地を、めん棒で楕円形に伸ばします。

●エビフライパン●

④エビフライにソースをまぶします。

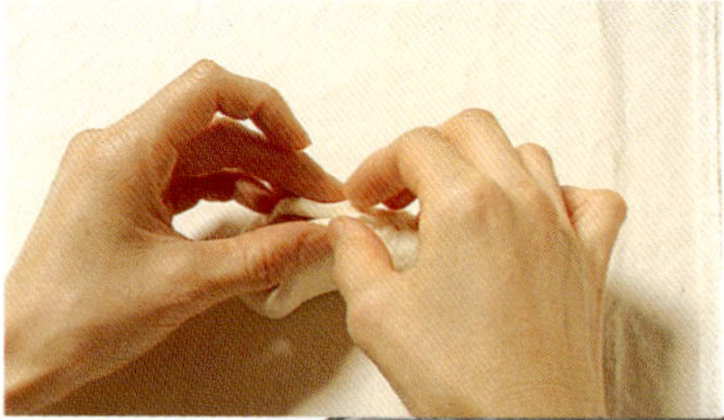

⑤尾を出して、生地で包み込みます。

⑥全卵をはけで塗ります。

⑦アーモンドを粉にしたものを貼りつけ、仕上発酵に入ります。

⑧180℃のオーブンで10～15分焼きます。

●ジャガコーン●（作り方①②は同じ）

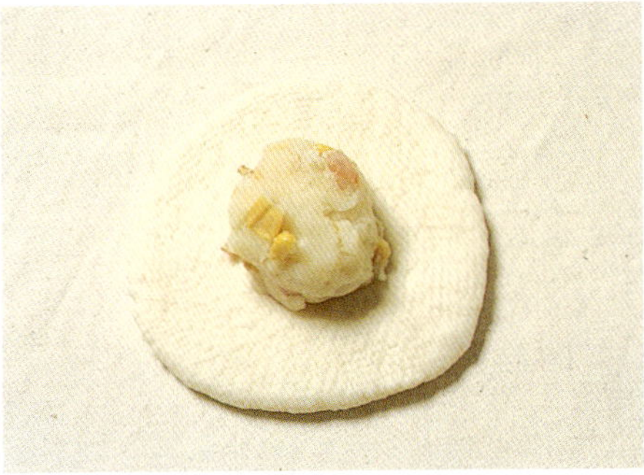

③ベンチタイム後の生地をめん棒で丸く伸ばし、合わせた具をのせます。

④具を包み、閉じ目を下にし、天板に並べます。

⑤上部をハサミで十字にカットします。

⑥プロセスチーズをおろし金でおろし、照卵を塗った⑤にまぶします。

※具の作り方

ベーコンを5mmくらいに切り、スイートコーンと炒めたものを、マッシュポテト、マヨネーズであわせます。

●アスパラ巻き●（作り方①②は同じ）

③アスパラを半分に切り、ベーコンを巻きつけます。

④細長く伸ばした生地を③にらせん状に巻きつけていきます。

⑤仕上発酵後、照卵を塗って、焼き上げます。

パネトーネ

イタリアのクリスマスパン・パネトーネを作って演出したい、手づくりのクリスマス。

材　料

パネカップ（底の直径9cm×高さ9.6cm）3本分

1回目

強力粉	200g
イースト	12g
砂糖	40g
仕込水	40g
牛乳	160g
卵	40g

2回目

強力粉	200g
塩	6g
レモンの皮（すりおろし）	1個分

3回目

バター（無塩）	100g
サルタナレーズン	80g
ミックスフルーツ	120g

●そのほかの材料

溶かしバター（無塩）

パウダーシュガー

タイムチャート

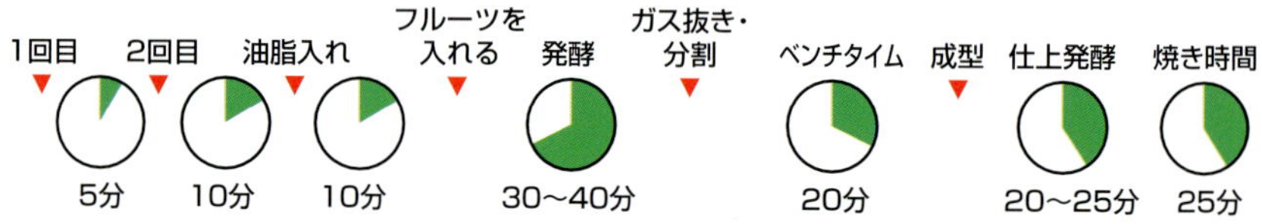

●作り方●

①仕込水、牛乳、卵は先に混ぜておき、基本の作り方で生地を作ります（基本の生地作り①～⑫）が、2回目の粉を入れるとき、レモンの皮のすりおろしを粉と一緒に加えます。また、油脂入れの後、サルタナレーズンとミックスフルーツを混ぜます。

②しっかり手でもみ込み、生地をまとめて発酵に入ります。

③発酵が終わったら、3つに分割して丸め、ベンチタイムへ。

④ベンチタイム終了後、生地を丸め直して、パネカップに入れます。

⑤天板にのせ、仕上発酵させます。

パネカップがないときは…

　パネカップは比較的手に入りやすいものですが、ないときは空き缶の上下を取り除き、中にパラフィン紙を入れて、使用してください。

⑥仕上発酵後、ハサミで上を十字にカットします。

⑦溶かしバターをスプーンで入れ、180℃のオーブンで25分焼きます。

⑧焼き上がったら、溶かしバターをはけで塗っておきます。冷めてからパウダーシュガーをふりかけます。

ワンポイント

★パネトーネをおいしく作るポイントは、生地作りにあります。よい生地を作っておいしく焼き上げてください。

手づくり総合教室
ホームメイド協会

「手づくり」と「食の安全と健康」をモットーに、無添加のパン作りをはじめ、ケーキ、クッキング、和菓子などの総合手づくり教室を全国で展開。
パン作りについては特許をもつ独特な製法を確立。手づくりの普及とともに、新メニューの開発にも取り組み、食生活について多彩な提案を行なっている。

監　修　灘吉利晃
スタッフ　野村秀俊
田村　清
森下雅子
勝谷孝子
秋山千文
大島千恵子
小林和子
西　香代子
長谷川あけみ
茂木隆子

＜ホームメイド協会の主な講座＞

パンコース
ケーキコース
和菓子コース
シュガークラフトコース
ホームクッキングコース
フラワーデザインコース
飾りパンコース
ベジタブル＆フルーツカービングコース
パスタコース
ハートフルラッピングコース
チョコレート菓子コース
マジパン細工コース

装丁／デザイン　(有)オフィス・カン／前田　寛
撮　影　石塚　英夫

—手づくりア・ラ・カルト—
親子で楽しく焼きたてパン作り

2000年11月10日　第1刷発行
2003年11月25日　第4刷発行

編　者　ホームメイド協会
発行者　三浦　信夫
発行所　株式会社　素朴社
〒150-0002　東京都渋谷区渋谷1-20-24
電話：03(3407)9688　FAX：03(3409)1286
振替　00150-2-52889
印刷·製本　壮光舎印刷株式会社

乱丁・落丁本は、お手数ですが小社宛お送り下さい。送料小社負担にてお取替え致します。
ISBN 4-915513-54-8 C2377
価格はカバーに表示してあります。